¡MÍRAME, TODAVÍA ESTOY HABLANDO!

SEGUNDA EDICIÓN

3er LIBRO

Cuentos con acción — un método comprensivo para dominar el idioma

LOOK, I'M STILL TALKING!

SECOND EDITION

STUDENT BOOK 3

TPR Storytelling — a Comprehensive Method for Achieving Fluency

Por Blaine Ray y Joe Neilson

Ilustrado por Christopher Taleck

Blaine Ray Workshops
3820 Amur Maple Drive
Bakersfield, CA 93311
Phone: (888) 373-1920
Fax: (661) 665-8071
E-mail: BlaineRay@aol.com
www.BlaineRayTPRS.com

¡Mírame, todavía estoy hablando!
Libro 3
Segunda edición

Look, I'm Still Talking!
Student Book 3
Second Edition

Published in Spanish. Also available in French and English.

Published by **Blaine Ray Workshops**, which features TPR Storytelling products and related materials.

To obtain copies of *¡Mírame, todavía estoy hablando!*, see the contact information on the title page or on the back of the book.

This printing July, 2002.

Book Design: Christopher Taleck

PREFACE

¡Mírame, todavía estoy hablando! (*Look, I'm Still Talking!*) is the third book of the *Look, I Can Talk!* series. All three books, as well as the coming fourth book, are a product of many years of teaching foreign language by using a method of instruction called **TPR Storytelling**. **TPR Storytelling** is a combination of Total Physical Response (TPR) — a technique researched and made famous by psychologist James Asher — and storytelling, along with other less major techniques, forming together a comprehensive language-learning method.

In using *¡Mírame, puedo hablar!* (*Look, I Can Talk!*) and *¡Mírame, puedo hablar más!* (*Look, I Can Talk More!*), we have seen remarkable success in all facets of language skill development and tremendous enthusiasm in our students. We have continued this instructional program with a series of new stories and grammatical structures appropriate to a third-year level.

To enhance the effectiveness of *¡Mírame, todavía estoy hablando!*, we have published a companion volume in English of mini-stories based on the stories presented here — *Mini-Stories for Look, I'm Still Talking!* (1996); the stories can easily be adapted to Spanish. For a thorough description of how to teach with TPR Storytelling, we recommend you consult especially *Fluency Through TPR Storytelling* by Blaine Ray and Contee Seely (1997). See the back cover for descriptions of these books.

We are indebted to the administrations of Stockdale High School of Bakersfield, California, and Salpointe Catholic High School of Tucson, Arizona, for allowing us to use and develop this innovative approach of language instruction in the classroom.

We thank our families for their help and patience throughout the development of this book and for their support of our careers over the years.

We are glad to have had the expert advice of Marci Harrington who helped us with the editing of the final text. A very special thanks goes to Lynn Ossowski who translated the French text.

We also thank Dave Cosgrove for his good humor and the use of his production equipment.

We appreciate everything that Christopher Taleck has done for this project. His guidance in the design of the book and his outstanding artwork have helped bring this book to life.

Finally, we are ever appreciative of all of the wonderful students of Stockdale High School and Salpointe Catholic High School. We have gained so much from them, and their inspiration and enthusiasm continue to make our jobs meaningful and fun. We are especially grateful to those students who have accompanied us step by step in the development of the **TPR Storytelling** curriculum. Because of their special commitment to Spanish, we dedicate *¡Mírame, todavía estoy hablando!* to the 1993-1994 Spanish III students. Thank you!!

Please contact either of us if you have any suggestions or questions. We would be glad to demonstrate the **TPR Storytelling** method and other TPR classroom applications at in-service workshops.

Blaine Ray
3820 Amur Maple Drive
Bakersfield, CA 93311
Phone: (888) 373-1920
Fax: (661) 665-8071
E-mail: BlaineRay@aol.com
www.BlainerayTPRS.com

Joe Neilson
Salpointe Catholic High School
1545 East Copper Street
Tucson, AZ 85719
Phone: (520) 745-5140
E-mail: jrnombligo@aol.com

¿Qué debe hacer para divertirse un perro que **lo ha hecho todo?**

¡**Déjenme** en paz!

¡No era buena idea que el chico *tratara de impresionar* a su amiga!

¡*Si no hubiera robado* tantas casas, no habría acabado en **la carcel!**

CONTENIDO

¿ *Tendrá* suficiente **dinero** Rodolfo para hacer el viaje de sus sueños?

¡Vale la pena que *busquen* otros novios!

Vocabulario

1.

2.

3.

4.

VOCABULARIO
Las siguientes frases describen los dibujos de la página anterior

1. a) La mujer se cansa haciendo su viaje largo por el desierto. Va hacia la costa.

   b) Le parece buena idea cruzar las montañas en vez de seguir por la carretera.

   c) Alcanza rápido la costa. Sin embargo, le sucede un evento asombroso porque la carretera se acabó.

   d) Mientras se hunde el carro en la bahía, la mujer necesita ayuda porque no sabe nadar y quiere sobrevivir.

2. a) Un extranjero fuerte cruza a pie un puente de la selva.

   b) Se sube a una canoa, y se atreve a pelear con un cocodrilo.

   c) Empieza a luchar con el cocodrilo porque le gustan los desafíos.

   d) Aunque era muy valiente el hombre, el cocodrilo le ganó sin derramar ni una sola gota de sangre.

3. a) El turista no puede escoger adonde irá de vacaciones... ¿a una isla en la bahía o a la Antártida?

   b) Irá al mostrador y comprará un boleto para su excursión. De equipaje llevará una maleta grande.

   c) Se marchará a la Antártida y sacará fotos de los pingüinos.

   d) Luego se preocupa al pensar que a lo mejor tendrá mucho frío por el clima tan duro.

4. a) Un amigo le presta dinero a Manolo, y Manolo le agradece mucho.

   b) Una banda de ladrones saltan de una muralla para atacar a Manolo.

   c) Después de que le quitaron casi todo al pobrecito, los ladrones se despiden de Manolo.

   d) Manolo le avisa a su amigo que le robaron, y empieza a llorar porque está arruinado.

El Viaje Mundial De Rodolfo

El Viaje Mundial De Rodolfo

Como algunos ya saben, Rodolfo es un hombre afortunado que vive en Nueva York. El año pasado hizo un viaje a Europa, y por su buena suerte regresó un millonario. Aunque le sucedieron muchos episodios asombrosos, a Rodolfo le pareció que fue un viaje aburrido, y no se divirtió mucho. Por eso, este año quiere hacer un viaje fenomenal e inolvidable. Se sienta a su escritorio y empieza a pensar en esta excursión estupenda. El propósito del viaje es pasarlo bien y conocer mejor el mundo.

No tiene que ahorrar dinero porque todavía le quedan millones de dólares de su último viaje. Al principio, irá a Perú para inciar la excursión. Allá explorará las ruínas Incas de Machu Picchu. De equipaje, llevará sólo una mochila; así podrá viajar muy ligero. Desde las ruinas, cruzará los Andes a pie hacia la selva de Amazonas, el lugar más exótico del mundo. Cruzará la frontera con Brasil para llegar a la selva donde se subirá a una canoa en el Río Amazonas. Su guía será un mono que lo llevará por el río. Irán muy lento por el río para concocerlo mejor. Allá luchará con los cococrilos. Sin embargo, les ganará Rodolfo a los cococrilos y no derramará ni una sola gota de sangre porque es muy valiente.

Al alcanzar el Océano Atlántico, contará con el apoyo del mono para guiarlo por el mar. Por supuesto pasará un tiempo breve en la exótica Bahía de Turiacu antes de salir de la costa brasileña. Seguirá su viaje a la Antártida, donde saludará al Rey de los pingüinos, y luego almorzará con él en el Palacio Real. Charlará con el Rey para averiguar cómo pueden sobrevivir los pingüinos en un clima tan duro. Se despedirá de los pingüinos para marcharse a la China, donde se atreverá a correr toda la Gran Muralla. Se dará prisa para terminar este desafío en menos de un día Al lograr esta meta, los chinos le presentarán el premio del extranjero más rápido. Completará su viaje pasando por el gran desierto de África, el Sahara. Cruzará el desierto a camello, pero no se quemará porque se pondrá mucha loción bronceadora.

A Rodolfo le parece que lo pasará muy bien en esta excursión. Acaba de escribir los últimos detalles del viaje cuando de repente le sorprende una llamada telefónica. Es su banquero, y le avisa a Rodolfo que una banda robó el banco la noche anterior, y se llevaron todo el dinero. Resulta que el banco no tiene seguro para proteger los ahorros. Esto quiere decir que desapareció toda la fortuna que consiguió de su último viaje. Además le debe cinco mil dólares a Michael Jordan.

Rodolfo ahora está completamente arruinado. Al oír la noticia, Rodolfo se pone triste y empieza a llorar. Ya no podrá ir a ninguna parte. Ni podrá escoger los lugares exóticos del mundo que quiere conocer, sino que tendrá que quedarse en la ciudad para conseguir un buen trabajo. Pero así no concluye la historia; al salir a la calle muy triste, un hombre que pasa por su casa le mira la cara triste a Rodolfo. El hombre para a Rodolfo y le regala un billete de diez dólares. Rodolfo le agradece mucho porque ya empieza de nuevo su buena suerte.

Ejercicio 1
Contesta las preguntas en tus propias palabras.

1. ¿Por qué fue a Europa el año pasado?

2. ¿Qué hacía en Europa?

3. ¿Por qué se aburrió el año pasado en su viaje?

4. ¿Qué llevará en la mochila?

5. ¿Qué hará para quedarse seco en su viaje por la selva?

6. ¿Por qué tendrá un mono como guía?

7. ¿Cómo irá a Antártida?

8. ¿Qué le dirá al presidente de los pingüinos?

9. ¿Por qué correrá toda la Gran Muralla de China?

10. ¿Qué tipo de trabajo conseguirá Rodolfo?

Ejercicio 2
Contesta las preguntas personales.

1. ¿Qué te gustaría hacer en Europa?

2. ¿Con quién irás? ¿Por qué?

3. ¿Qué llevarás allá?

4. Describe el hotel donde pasarás la primera noche.

5. Describe la playa que verás.

6. Si tus padres van contigo, ¿qué harán ellos?

7. ¿Cuánto costará el viaje en total?

8. Si estás enfermo en París, ¿irás al hospital?

9. ¿Por qué podrás o no podrás hablar con los médicos allá?

10. ¿Qué te darán de comer en el hospital francés?

EJERCICIO 3
Contesta las preguntas con dos posibilidades.

1. ¿Qué hará Rodolfo en la Bahía de Turiacu?

   a) _____

   b) _____

2. ¿De qué charlarán Rodolfo y los pingüinos?

   a) _____

   b) _____

3. Describe un día ideal en la playa.

   a) _____

   b) _____

4. Si tú pierdes millones de dólares, ¿qué harás?

   a) _____

   b) _____

EJERCICIO 4
Puntos de vista: Describe lo siguiente desde varios puntos de vista. Inventa un mínimo de dos características para cada descripción.

1. Describe un día aburrido en la vida de Rodolfo.

   a) _____

   b) _____

2. Describe a Rodolfo desde el punto de vista de los pingüinos.

   a) _____

   b) _____

3. Describe la Gran Muralla de China desde el punto de vista de Rodolfo.

   a) _____

   b) _____

4. Describe el banco desde el punto de vista de Rodolfo.

   a) _____

   b) _____

EJERCICIO 5
Lee las situaciones, y luego intenta resolver el problema de cada una. Escribe tres soluciones posibles para cada situación.

1. Un hombre perdió tres millones de dólares en un banco que fracasó. ¿Qué hará ya que no tiene dinero?

   a) _____

   b) _____

   c) _____

2. Tú estás en la selva Amazonas con un mono tonto como guía. El mono se pierde cada rato. ¿Qué harás?

   a) _____

   b) _____

   c) _____

3. La semana pasada fue la semana más aburrida de este año en la clase de español. Tu profesor(a) siguió haciendo la misma rutina de siempre. ¿Qué harás la próxima semana para no aburrirte en esta clase?

   a) _____

   b) _____

   c) _____

EJERCICIO 6
Escribe una situación que tiene un problema. Luego resuelve el problema con tres soluciones.

_____

_____

_____

   a) _____

   b) _____

   c) _____

EJERCICIO 7

Inventa un cuento de 6 actos, y luego dibújalo. El cuento debe incluir por lo mínimo 10 palabras del vocabulario de este capítulo.

1	**2**	**3**
4	**5**	**6**

EJERCICIO 8

Escribe el cuento que acabas de dibujar arriba.

_____

_____

_____

_____

_____

_____

_____

_____

_____

Versión A

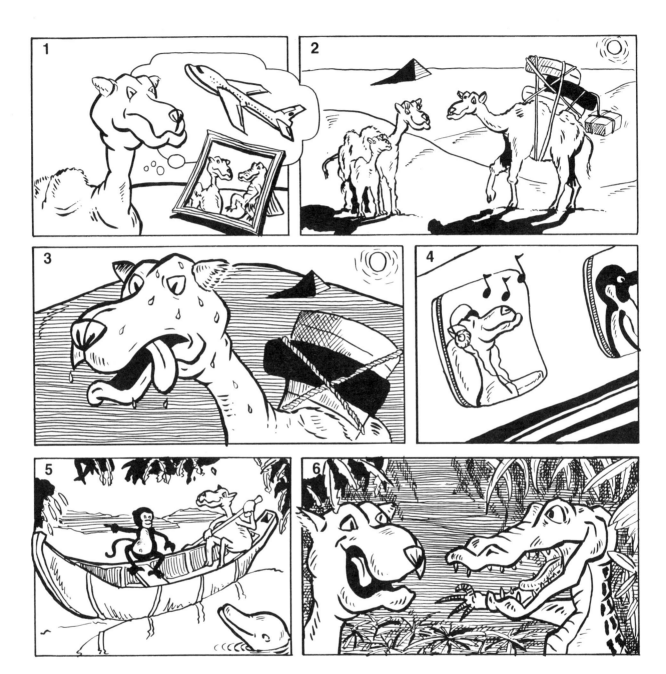

Versión B

Ejercicio 9

Mira el primer y el último dibujo de este cuento nuevo, y completa el cuento con unos dibujos originales. Usa por lo mínimo 10 palabras del vocabulario de este capítulo.

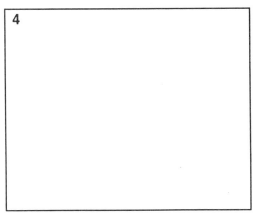

Ejercicio 10

Escribe el cuento que acabas de dibujar arriba.

_____

_____

_____

_____

_____

_____

_____

_____

_____

EJERCICIO 11

Mira los dibujos en el medio de este cuento nuevo, y completa el cuento con unos dibujos originales. Usa por lo mínimo 10 palabras del vocabulario de este capítulo.

1 	**2** 	**3** 
4 	**5** 	**6** 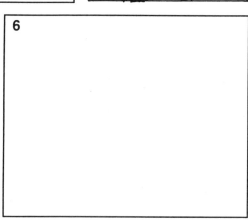

EJERCICIO 12

Escribe el cuento que acabas de dibujar arriba.

_____

_____

_____

_____

_____

_____

_____

_____

_____

Vocabulario

1.

2.

3.

4.

Vocabulario
Las siguientes frases describen los dibujos de la página anterior

1. a) Una nave espacial ha aterrizado en la luna.

   b) Un gato ha abierto la puerta porque va a salir a explorar la luna.

   c) El gato se ha casado con un extraterrestre.

   d) El gato ha regresado a la Tierra porque ha extrañado mucho a su mundo. Con él han vuelto su esposa nueva y muchos niños extraños.

2. a) El mono tiene una entrevista porque quiere conseguir un empleo con una línea aérea.

   b) El jefe de la línea aérea le pregunta si ha tenido experiencia trabajando, y el mono le responde que sí ha trabajado mucho.

   c) El mono le ha servido la comida al pasajero.

   d) El avión tuvo problemas, así que el mono se ha lanzado en paracaídas, y va hacia una isla aislada.

3. a) La pareja ha visto una obra de teatro, y han gozado mucho de la presentación.

   b) La muchacha rechaza al joven porque él ha tratado de besarla.

   c) El chico le ha pedido un beso tres veces, pero ella le ha dicho "no" tres veces. Ya no lo aguanta porque él insiste demasiado.

   d) La chica empieza a reír porque se ha roto el pantalón del chico. ¡Qué vergüenza!

4. a) Hay una persona famosa que vende zapatos deportivos en un anuncio comercial. ¡Es Elvis!

   b) Alguien le ofrece dinero a Elvis, pero no lo acepta. Según Elvis, lo tiene todo y no le falta nada porque cobra un montón de dinero por cada anuncio.

   c) Alguien le pide una canción, pero Elvis se niega a cantar.

   d) Elvis le explica que hace mucho tiempo que dejó de cantar, y hoy en día no le da la gana cantar.

El Perro Que Lo Ha Hecho Todo

El Perro Que Lo Ha Hecho Todo

Hay un perro que se llama Pedro. Desde muy pequeño, ha sido un perro listo y deportista. Cuando era perrito, ganó varios campeonatos en la escuela primaria. Hoy en día es un perro sobresaliente porque ya ha participado en cuatro juegos olímpicos este siglo, y hasta ahora ha logrado su meta personal de ganar cinco medallas de oro. Pedro se ha aprovechado de su fama para hacerse muy rico. Se ha hecho rico vendiendo zapatos deportivos para una companía internacional. Cada vez que aparece en un anuncio comercial, cobra un montón de dinero. Por eso es riquísimo, y puede hacer lo que le da la gana.

Aunque no le falta nada y lo tiene todo, Pedro no se siente satisfecho con la vida. Quiere hacer algo fenomenal para pasarlo bien. Pero no sabe qué hacer porque piensa que lo ha hecho todo.

Piensa en viajar a Sudamérica para cruzar los Andes, pero no... ya ha cruzado esas montañas tres veces este año. Luego piensa en asistir a varias obras de teatro, pero no... ya ha gozado de cuatro obras este mes. Piensa en comprar un yate nuevo, pero se pone frustrado... ya ha comprado dos yates nuevos esta semana. Piensa en visitar a sus abuelos que viven en Alaska, pero decide que ya no les extraña. Los ha visitado varias veces este año, y hace mucho tiempo que no los ha extrañado. ¡Ay! ¡Qué lío! No cabe duda; la vida es difícil cuando uno lo ha hecho todo. ¿No?

Como no sabe qué hacer, Pedro decide llamar a su amigo, Duque, para invitarle a su casa y pedirle consejos. Tan pronto como aparece Duque en su casa, Pedro le explica su problema. Al oír los problemas de su amigo, Duque le sugiere unas actividades: —Según mi opinión, lo que te hace falta es una diversión completamente diferente. ¿Por qué no te vas a la luna en una nave espacial?

Pero Pedro le responde: —Ya me he ido cinco veces en mi propia nave.

Se le ocurre otra idea a Duque, y se la dice a Pedro: —¿Por qué no pasas el verano a solas en una isla aislada del Caribe? Así, puedes relajarte y descansar mucho.

Pero Pedro se pone triste, y le dice a su amigo: —Ya he comprado dos islas tropicales, y he pasado mucho tiempo en ellas relajándome. Me hace falta una actividad más extravagante.

Duque se pone impaciente con su amigo, pero sigue recomendándole otras opciones: —¿Por qué no alquilas una avioneta, y así puedes lanzarte en paracaídas cuando quieras.

Al ver que Pedro va a rechazarle esta idea también, Duque le interrumpe: —¡No me digas! ¿¡Ya te has lanzado en paracaídas varias veces de tu propia avioneta!?

Pedro le dice que así es. Ahora sí no lo aguanta más Duque, y le grita a Pedro: —¡Basta ya de tu vida asombrosa! ¿Por qué no consigues un empleo duro, y te callas de una vez por todas? Trabajando y sudando, no tendrás tiempo para quejarte tanto.

Pedro se rasca la cabeza, y le responde a la última recomendación de su amigo: —¿Trabajo manual? Nunca he trabajado con mis manos. ¿Callarme? Nunca me he callado.

—Pues, ¡aprende a hacerlo porque así nadie te aguanta!—Duque sale muy rápido y deja a su amigo pensando en el mundo del trabajo manual.

Ejercicio 1

Contesta las preguntas en tus propias palabras.

1. ¿Por qué siempre ha sido Pedro un perro listo?

2. ¿Por qué se ha aprovechado de su fama?

3. ¿Qué dice Pedro en el anuncio comercial?

4. ¿Cuánto dinero cobra por cada anuncio?

5. ¿Por qué no se siente satisfecho con la vida?

6. ¿Por qué ha comprado dos yates cuando uno es suficiente?

7. ¿Por qué rechaza Pedro todo lo que sugiere Duque?

8. ¿Por qué se rasca la cabeza Pedro al final?

9. ¿Por qué no lo aguanta más su amigo Duque?

10. ¿Qué es lo que realmente le hace falta a Pedro en la vida?

Ejercicio 2

Contesta las preguntas personales.

1. ¿Qué has hecho este mes que es muy divertido?

2. Describe a una persona que tiene mucha fama.

3. ¿De qué has gozado mucho este año?

4. ¿Qué te hace falta en la vida?

5. ¿Qué haces cuando no te sientes satisfecho(a) con la vida?

6. ¿A cuántos conciertos has asistido este año?

7. ¿Te gustaría pasar un rato en una isla tropical? ¿Por qué?

8. ¿Te has relajado hoy? ¿Cómo y por qué?

9. ¿Te has lanzado en paracaídas alguna vez? Si no, ¿te gustaría hacerlo?

10. Cuando estás de vacaciones sin tu familia, ¿extrañas a tus padres? ¿Por qué?

EJERCICIO 3
Contesta las preguntas con dos posibilidades.

1. ¿Qué hará Pedro por fin para divertirse?

   a) _____

   b) _____

2. ¿Cuáles actividades hizo Pedro cuando estaba en sus islas tropicales?

   a) _____

   b) _____

3. ¿Qué otras actividades ha hecho Pedro en su vida que no se mencionan en el cuento?

   a) _____

   b) _____

4. ¿Qué le dirías a Pedro al oír sus problemas?

   a) _____

   b) _____

EJERCICIO 4
Puntos de vista: Describe lo siguiente desde varios puntos de vista. Inventa un mínimo de dos características para cada descripción.

1. Describe a los padres de Pedro desde el punto de vista de Pedro.

   a) _____

   b) _____

2. Describe el anuncio comercial de zapatos desde el punto de vista de Pedro.

   a) _____

   b) _____

3. Describe el anuncio comercial de zapatos desde el punto de vista de Duque.

   a) _____

   b) _____

4. Describe la casa de Pedro desde el punto de vista de Duque.

   a) _____

   b) _____

EJERCICIO 5

Lee las situaciones, y luego intenta resolver el problema de cada una. Escribe tres soluciones posibles para cada situación.

1. Una chica se ha lanzado en paracaídas de una avioneta que vuela a dos kilómetros de altura. Pero ella se ha olvidado de operar el paracaídas. ¿Qué puede hacer ella para arreglar este problemita?

    a) _____

    b) _____

    c) _____

2. Un niño ha ido a un campamento de verano, pero extraña demasiado a sus padres. Por eso, pasa todo el día llorando. ¿Qué tiene que hacer para sentirse mejor?

    a) _____

    b) _____

    c) _____

3. Hay un hombre que nadó a una isla aislada después de que su barco se hundió. En la isla no hay nada de comida. ¿Qué puede hacer el hombre para sobrevivir?

    a) _____

    b) _____

    c) _____

EJERCICIO 6

Escribe una situación que tiene un problema. Luego resuelve el problema con tres soluciones.

_____

_____

_____

    a) _____

    b) _____

    c) _____

EJERCICIO 7

Inventa un cuento de 6 actos, y luego dibújalo. El cuento debe incluir por lo mínimo 10 palabras del vocabulario de este capítulo.

1	2	3
4	5	6

EJERCICIO 8

Escribe el cuento que acabas de dibujar arriba.

_____

_____

_____

_____

_____

_____

_____

_____

_____

Versión A

Versión B

EJERCICIO 9

Mira el primer y el último dibujo de este cuento nuevo, y completa el cuento con unos dibujos originales. Usa por lo mínimo 10 palabras del vocabulario de este capítulo.

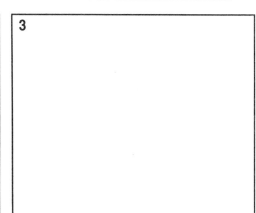

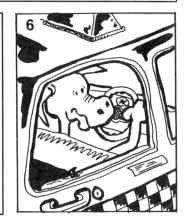

EJERCICIO 10

Escribe el cuento que acabas de dibujar arriba.

_____

_____

_____

_____

_____

_____

_____

_____

_____

_____

Ejercicio 11

Mira los dibujos en el medio de este cuento nuevo, y completa el cuento con unos dibujos originales. Usa por lo mínimo 10 palabras del vocabulario de este capítulo.

1	2	3
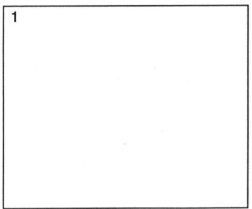	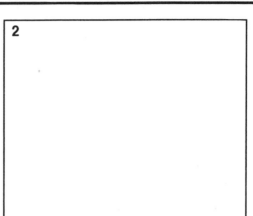	

4	5	6
		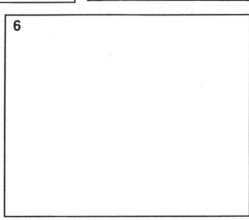

Ejercicio 12

Escribe el cuento que acabas de dibujar arriba.

_____

_____

_____

_____

_____

_____

_____

_____

_____

Vocabulario

1.

2.

3.

4.

VOCABULARIO

Las siguientes frases describen los dibujos de la página anterior

---

1. a) La mamá del perrito le grita: —¡No le muerdas a la persona!

   b) Ahora le dice fuerte: —¡No le escupas! ¡No seas tan grosero!

   c) Ya le regaña: —¡No le dispares! y ¡Pórtate bien!

   d) El dueño silba para llamarle la atención, y le regaña: —¡No corras! y ¡Quédate en tu casita.

---

2. a) La madre les regaña a sus hijos: —¡No se peleen! ¡No sean malos! ¡No quiebren los juguetes! Pero los hijos no le hacen caso porque ella no puede controlarlos.

   b) La casa está hecha un cochinero: por eso la mamá les ruega: —¡Pórtense bien! ¡Por favor!

   c) La mamá está desesperada porque los hijos se portan como salvajes. Ahora espera al padre.

   d) Por fin el papá ha llegado. Ve que la situación está muy grave, y trata de disciplinarlos. Les grita: —¡No jueguen con los fósforos y guárdenlos en el escritorio!

---

3. a) El dueño del perro le manda a su perro: —¡Siéntate! Pero el perro no lo obedece.

   b) El dueño del perro le exige: —¡Agarra el palo! y ¡Devuélvemelo! De nuevo el perro no le hace caso.

   c) Ahora el dueño le demanda: —¡Dame la mano!

   d) Ya todo ha cambiado. El perro acaba de hacerse dueño, y le exige a su hombre: —¡Ven acá!

---

4. a) La mamá del ratón le exige a su hijo: —¡Haz la cama!

   b) Ya le dice: —¡Pon tus juguetes en el baúl!

   c) Ella también le recomienda: —¡Ten cuidado del gato que siempre aparece cuando menos lo esperas!

   d) Por fin, la mamá le dice: —Y ¡Sé bueno como un ángel!

La Clase Salvaje

La Clase Salvaje

Hay una clase de la escuela primaria. Hay 32 niños de la edad de 11 años. La profesora se llama Amanda Pérez. Es una anciana con muchas arrugas en la cara. Pero siempre trata de aparecer más joven de lo que es. Es un tipo raro, pero la pobrecita tiene otros problemas; no puede controlar a los alumnos porque siempre les habla en voz suave. Tampoco se da cuenta de los actos groseros de los niños porque no se fija en nada. Por eso la clase siempre se aprovecha de ella, y los alumnos se portan muy mal. Los niños nunca le obedecen, ni siquiera cuando ella empieza a llorar. La pobre siempre se pone desesperada pensando que no podrá sobrevivir el abuso de estos niños, y lo peor de todo es que le quedan tres meses más para acabar el año escolar.

Un viernes, a las 10:00 de la mañana, la Profesora Pérez está más desesperada que de lo normal porque el director de la escuela viene dentro de media hora para visitar la clase; la situación está muy grave. La profesora mira lo que están haciendo los alumnos, y sabe que hace falta un poco de orden en la clase. Silba lo más fuerte posible, y así empieza a controlar la clase. Primero mira a Andrés y a Pedro. Ellos están escupiendo a la basura. La profesora les manda en voz muy alta: —¡No escupan, o les mando a limpiar toda la escuela!

Luego ve que Lolita y Mari están pegando chicle en el pelo de Joselito, y les regaña, —¡No le pongan chicle al pobre Joselito, sino que échenlo en la basura!

Ahora se fija en que Pepe y Norma tienen pistolas de agua y están mojando a muchos otros alumnos. Por eso la maestra les exige: —¡No disparen las pistolas! ¡Guárdenlas en sus mochilas! ¡Nunca jamás traigan esos juguetes a la clase, o se los quitaré!

Dos otros niños están mordiéndose los brazos, y la profesora les grita: —¡No se muerdan! y ¡Déjense en paz!

Los dos niños dejan de morderse y vuelven a sus asientos. Pero todavía hay algunos problemas. Hay dos niñas que se burlan de otra alumna. La pobre víctima empieza a llorar, así que la maestra les regaña fuerte: —¡No le digan más tonterías a esa alumna! y ¡pórtense bien!

Ya que hay un poco de disciplina en la clase (¡por primera vez este año!), Felipe y Carolina, los peores de la clase, intentan salir por la ventana. Pero la Profesora Pérez los pilla, y les grita: —¡No salgan de la clase, sino que siéntense en los asientos y quédense allí! ¡No se atrevan a moverse de sus asientos! Si no me obedecen, tendrán que quedarse en la escuela hasta la noche.

Por fin la maestra les habla a todos: —De aquí en adelante no quiero más problemas con Uds. ¡Hagan su tarea! ¡Vengan a clase a tiempo! Y ¡tengan cuidado de no hacerme enojar!

Los niños no pueden creer el cambio tan drástico de su maestra, pero le obedecen porque no quieren enojarle. Apenas todos están sentados en sus asientos como angelitos, el director aparece por la puerta. Todos los alumnos le saludan con cortesía: —¡Bienvenido a la clase, Señor Director!

Al ver la clase tan disciplinada, el director se pone bien impresionado, y le comenta a la profesora: —Ya que su clase es muy obediente, le voy a aumentar el sueldo el doble. ¡Le felicito a Ud. por su buen trabajo!

Amanda Pérez le agradece al director, y piensa que "más vale tarde que nunca." Es evidente que se siente muy orgullosa de la clase y sobre todo de sí misma.

EJERCICIO 1
Contesta las preguntas en tus propias palabras.

1. ¿Por qué hay una anciana trabajando como maestra?

2. ¿Qué hará ella para seguir controlando la clase?

3. Describe la ropa que la anciana lleva los sábados.

4. ¿Por qué silba tanto la anciana?

5. ¿Qué tipo de casa tiene la anciana?

6. ¿Cuántos años hace que enseña la anciana?

7. ¿Qué dicen los chicos que se burlan de otro alumno?

8. ¿Cómo es el director?

9. ¿Por qué aumentará el sueldo de la anciana?

10. ¿Exactamente cuánto dinero más recibirá la anciana?

EJERCICIO 2
Contesta las preguntas personales.

1. ¿Te gustaría estar en la clase de la anciana?

2. Describe a un(a) maestro(a) que se parece a la anciana.

3. ¿Qué haces cuando tu perro no te obedece?

4. ¿Qué pasa cuando tú no obedeces a los padres?

5. ¿Cuándo escupes, puedes alcanzar la basura?

6. ¿Qué harás si otro alumno te pega chicle en el pelo?

7. Si tienes una clase con una anciana de maestra, ¿qué harás para aprovecharte de ella?

8. ¿Qué hará el director del colegio si te aprovechas de ella?

9. ¿Serás maestro(a) tú? ¿Por qué?

10. ¿Qué harás si alguien te pilla en una fiesta donde todos los jóvenes beben cerveza?

Contesta las preguntas con dos posibilidades.

1. ¿Qué pasa en una clase donde no hay orden?

   a) _____

   b) _____

2. ¿Qué pasa en una clase donde hay mucho orden?

   a) _____

   b) _____

3. ¿Que hará la anciana por el verano con su nuevo sueldo?

   a) _____

   b) _____

4. Compara la clase de la anciana con tu clase.

   a) _____

   b) _____

Ejercicio 4
Puntos de vista: Describe lo siguiente desde varios puntos de vista. Inventa un mínimo de dos características para cada descripción.

1. Describe la clase salvaje desde el punto de vista de la anciana.

   a) _____

   b) _____

2. Describe la clase salvaje desde el punto de vista de los alumnos.

   a) _____

   b) _____

3. Describe a una alumna mala desde el punto de vista de un alumno perfecto.

   a) _____

   b) _____

4. Describe a una alumna perfecta desde el punto de vista de un alumno malo.

   a) _____

   b) _____

Ejercicio 5

Lee las situaciones, y luego intenta resolver el problema de cada una. Escribe tres soluciones posibles para cada situación.

1. Hay una chica que no ha estudiado para un examen importante. Durante el examen empieza a copiar de otro alumno, pero la maestra la pilla. ¿Qué puede hacer ella?

   a) _____

   b) _____

   c) _____

2. Un(a) amigo(a) tuyo(a) toma drogas que le hacen mucho daño. Te preocupas mucho por él o ella.¿Qué puedes hacer para ayudarle?

   a) _____

   b) _____

   c) _____

3. Hay un alumno que siempre se porta mal en la clase. Por eso, va a sacar malas notas en la clase de español. ¿Que puede hacer este estudiante malo para mejorar sus notas en la clase?

   a) _____

   b) _____

   c) _____

Ejercicio 6

Escribe una situación que tiene un problema. Luego resuelve el problema con tres soluciones.

_____

_____

_____

   a) _____

   b) _____

   c) _____

Ejercicio 7

Inventa un cuento de 6 actos, y luego dibújalo. El cuento debe incluir por lo mínimo 10 palabras del vocabulario de este capítulo.

1	**2**	**3**
4	**5**	**6**

Ejercicio 8

Escribe el cuento que acabas de dibujar arriba.

Versión A

Versión B

EJERCICIO 9

Mira el primer y el último dibujo de este cuento nuevo, y completa el cuento con unos dibujos originales. Usa por lo mínimo 10 palabras del vocabulario de este capítulo.

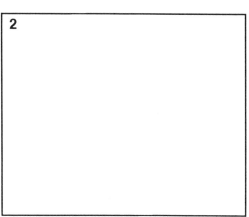

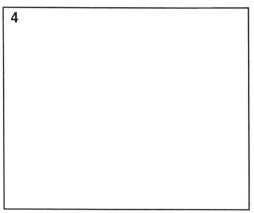

EJERCICIO 10

Escribe el cuento que acabas de dibujar arriba.

_____

_____

_____

_____

_____

_____

_____

_____

_____

_____

EJERCICIO 11

Mira los dibujos en el medio de este cuento nuevo, y completa el cuento con unos dibujos originales. Usa por lo mínimo 10 palabras del vocabulario de este capítulo.

1

2

3

4

5

6

EJERCICIO 12

Escribe el cuento que acabas de dibujar arriba.

_____

_____

_____

_____

_____

_____

_____

_____

_____

Vocabulario

1.

2.

3.

4.

---

1. a) El peluquero tiene mucho éxito en su negocio. Ahora le corta el pelo a un cliente.

   b) El cliente quiere que el peluquero le corte más el pelo.

   c) Ahora que le ha cortado demasiado el pelo, el cliente insiste en que el peluquero no siga cortándoselo.

   d) Sin embargo, el peluquero le cortó todo el pelo, y ahora está calvo el cliente. Además, el peluquero exige que el cliente le pague por su trabajo.

---

2. a) Hay un coche que choca con un semáforo.

   b) El conductor llama a su abogada y le menciona el asunto. Quiere que el seguro le pague dinero.

   c) El conductor le explica que el semáforo estaba en el medio de la calle. Por eso él no tenía la culpa.

   d) La abogada lo apoya en su deseo, y le aconseja: —Es justo que Ud. reciba dinero porque ahora le falta un carro.

---

3. a) Hay dos casas en un barrio. De una casa sale mucho humo de la ventana.

   b) El vecino está harto del humo, no lo aguanta más. Por eso llama a los bomberos.

   c) El bombero le ha echado agua al vecino que fumaba. Usó una manguera para apagar el cigarrillo.

   d) El hombre le grita: —¡Te sugiero que no fumes más! ¡Es tan asqueroso! y ¡no me gusta!

---

4. a) El joven quiere que su novia lo acompañe a cruzar el puente.

   b) El joven no se cuida de su peluca, y el viento se la lleva.

   c) La muchacha ahora no quiere besar a su novio calvo y lo rechaza.

   d) La muchacha no quiere que él la engañe con otra peluca. A pesar de que él le ruega que le dé más besos, ella se niega a dárselos.

¿Se Casarán?

¿Se Casarán?

Hay una joven que se llama Rebeca. Tiene 22 años y estudia mucho en la universidad porque quiere hacerse abogada. Le falta sólo un mes para graduarse. Como las clases siempre se tratan de asuntos pesados, le encanta la idea de viajar por todo el mundo porque piensa conseguir un empleo internacional. Además de su graduación, Rebeca piensa casarse dentro de dos semanas con su vecino que se llama Jean Claude.

Jean Claude es un peluquero de 35 años. A pesar de que nunca ha asistido a la universidad, tiene un negocio muy bueno de vender pelucas caras que valen mucho dinero. Aunque tiene mucho éxito en la vida, Jean Claude no es un hombre sin problemas; fuma tres paquetes de cigarrillos al día. A Rebeca le molesta que Jean Claude fume tanto, y quiere que él deje de fumar. Pero Rebeca lo aguanta por ahora porque Jean Claude es muy cariñoso con ella y muy fiel. Este problemita es sólo uno de los que tienen los dos novios. Tienen muchos otros porque cada uno tiene una idea muy diferente de lo que debe ser su futura vida matrimonial. Sin embargo los dos siguen pensando casarse.

Rebeca nunca quiere tener hijos, sino que desea viajar por muchos países para conocer otras culturas. Por eso insiste en que Jean Claude deje su trabajo de peluquero y que la acompañe en todas las excursiones. Ya que ella odia el humo de los cigarrillos, ella le exigirá a Jean Claude que no fume cuando vayan de viaje.

Sin embargo, Jean Claude desea tener por lo menos seis hijos porque siempre ha querido tener una familia grande. Como es un hombre tradicional, Jean Claude prefiere que Rebeca se quede en casa a cuidar a los niñitos. También le parece que es bueno que su esposa no trabaje fuera de casa en el mundo de negocios, sino que se quede en casa. Pero, claro, ella no lo apoya en este deseo.

La noche antes de casarse, los dos deciden salir a platicar de la luna de miel. Durante la cita empiezan a charlar y Jean Claude le comenta: — Tengo ganas de comprar una casa grande de dos pisos para nuestra familia grande que tendremos.

Rebeca le responde fuerte: —¡Qué va! ¡De ningún modo! Te aconsejo que no compres ninguna casa porque vamos a andar de viaje por muchos años.

A Jean Claude no le gustan las palabras de su novia, y le dice: — Pero no quiero que salgas de la casa porque tendrás que cuidar a nuestros hijos, y ¡es importante que los cuides bien!

Al oír esto, Rebeca se enoja y le grita: — ¡Te sugiero que no sigas hablando de este tema porque me niego a darte un solo hijo! ¡No te engañes! ¡No quiero tener chiquillos! ¿Me has entendido? ¡Basta ya de esto!

Jean Claude, ya un poco triste, deja de hablar de su esperada familia grande. Por fin le promete a su novia que nunca jamás le mencionará el asunto de los niños. Pero sigue pensando... — Si le ruego lo suficiente que tengamos niños, ella por fin me dará muchos chiquillos.

Sin embargo, Rebeca piensa... — ¡Ojalá que no me platique más de niños! ¡Estoy harta de ese tema y no lo aguanto más!

De nuevo, los dos empiezan a hablar de la luna de miel...

EJERCICIO 1
Contesta las preguntas en tus propias palabras.

1. ¿Por qué quiere hacerse abogada Rebeca y no otra profesión?

2. ¿Por qué quiere casarse Rebeca con un peluquero?

3. ¿Cuántas pelucas vende cada día Jean Claude?

4. ¿Por qué fuma tanto Jean Claude?

5. ¿Por qué quiere Jean Claude que Rebeca se quede en casa?

6. ¿Por qué insiste Rebeca que su esposo la acompañe en los viajes?

7. ¿Cuánto vale una peluca barata y una cara?

8. ¿Por qué está muy harta Rebeca del tema de los hijos?

9. ¿Por qué quiere Jean Claude una familia tan grande?

10. ¿Quién de los dos esposos mandará más en la casa? ¿Por qué?

EJERCICIO 2
Contesta las preguntas personales.

1. ¿Qué quieres hacer al graduarte de la unviersidad?

2. ¿Es bueno o malo ser peluquero(a)? ¿Por qué?

3. ¿Qué es lo que no aguantas de un(a) amigo(a) tuyo(a)? ¿Por qué?

4. ¿De qué estás harto(a) en la escuela (o en esta clase)?

5. ¿Qué te gustaría aconsejarles a tus profesores?

6. Al casarte, ¿qué vas a querer que haga tu esposo(a)?

7. ¿Prefieres que tu esposo(a) futuro(a) sea guapo(a)? ¿Por qué?

8. ¿Quieres ser más o menos inteligente que tu esposo(a) futuro(a)? ¿Por qué?

9. ¿Insistirás que tu esposo(a) futuro(a) siempre te diga la verdad? ¿Por qué?

10. ¿Cómo reaccionan tus padres cuando les ruegas demasiado que te den dinero?

Ejercicio 3

Contesta las preguntas con dos posibilidades.

1. ¿Qué hará Jean Claude por fin para convencerle a Rebeca que tengan hijos?

    a) _____

    b) _____

2. ¿Cómo va a dejar de fumar Jean Claude?

    a) _____

    b) _____

3. ¿Cuáles serán los primeros tres problemas del matrimonio al casarse?

    a) _____

    b) _____

4. ¿Qué consejos les darías a Rebeca y Jean Claude antes de la boda?

    a) _____

    b) _____

Ejercicio 4

Puntos de vista: Describe lo siguiente desde varios puntos de vista. Inventa un mínimo de dos características para cada descripción.

1. Describe la profesión de Rebeca desde el punto de vista de Jean Claude.

    a) _____

    b) _____

2. Describe la profesión de Jean Claude desde el punto de vista de Rebeca.

    a) _____

    b) _____

3. Describe cómo será la luna de miel desde el punto de vista de Jean Claude.

    a) _____

    b) _____

4. Describe a Jean Claude desde el punto de vista de uno de sus clientes.

    a) _____

    b) _____

EJERCICIO 5

Lee las situaciones, y luego intenta resolver el problema de cada una. Escribe tres soluciones posibles para cada situación.

1. Hay dos esposos. La esposa quiere tener muchos hijos y vivir en una casa grande, pero el marido se niega a tener niños y quiere viajar por el mundo en barco. ¿Qué deben hacer ellos para ser felices?

   a) _____

   b) _____

   c) _____

2. Hay dos compañeros de cuarto en la universidad. Marcos fuma, deja sus cosas por todas partes, y siempre pone muy fuerte la música del radio por toda la noche. Diego es vegetariano, muy ordenado, tiene asma, y le gusta acostarse a las nueve de la noche. ¿Qué tienen que hacer los dos para resolver esta situación?

   a) _____

   b) _____

   c) _____

3. Los padres de Rosa, una alumna universitaria que es muy deportista y lista, no quieren que su hija se case con Jorge, un chico flojo que no ha asistido a la escuela por años y que fuma mucho. ¿Qué pueden hacer los padres para convencerle a Rosa que no se case con Jorge?

   a) _____

   b) _____

   c) _____

EJERCICIO 6

Escribe una situación que tiene un problema. Luego resuelve el problema con tres soluciones.

_____

_____

_____

   a) _____

   b) _____

   c) _____

EJERCICIO 7

Inventa un cuento de 6 actos, y luego dibújalo. El cuento debe incluir por lo mínimo 10 palabras del vocabulario de este capítulo.

1	2	3

4	5	6

EJERCICIO 8

Escribe el cuento que acabas de dibujar arriba.

_____

_____

_____

_____

_____

_____

_____

_____

_____

Versión A

Versión B

Ejercicio 9

Mira el primer y el último dibujo de este cuento nuevo, y completa el cuento con unos dibujos originales. Usa por lo mínimo 10 palabras del vocabulario de este capítulo.

Ejercicio 10

Escribe el cuento que acabas de dibujar arriba.

_____

_____

_____

_____

_____

_____

_____

_____

_____

_____

Ejercicio 11

Mira los dibujos en el medio de este cuento nuevo, y completa el cuento con unos dibujos originales. Usa por lo mínimo 10 palabras del vocabulario de este capítulo.

1	2	3

4	5	6

Ejercicio 12

Escribe el cuento que acabas de dibujar arriba.

_____

_____

_____

_____

_____

_____

_____

_____

_____

_____

Vocabulario

1.

2.

3.

4.

Las siguientes frases describen los dibujos de la página anterior

1. a) Había dos vecinos que compartían un perro, y lo trataban bien.

   b) Cada mañana, un vecino solía darle de comer al perro comida mexicana.

   c) Cada noche, el otro vecino le daba de comer comida japonesa al perro.

   d) Un día, buscaron al perro. Por fin se fijaron que el perro se estaba mudando a otra casita.

2. a) Una mujer compró un negocio por poco dinero. Fue una ganga.

   b) Firmó un contrato para que ella fuera dueña del negocio.

   c) Pensó que iba a hacerse bastante rica.

   d) Pero no ganó nada, y se hizo pobre. Juró que jamás compraría otro negocio.

3. a) El hombre se puso muy feliz porque era un día soleado.

   b) Mientras conducía su auto, empezó a llover. Quería que dejara de llover porque no le gustaba tanta lluvia.

   c) Y sí, dejó de llover, pero ahora todo se cubrió de una neblina espesa.

   d) No podía ver nada, y esperaba que no hubiera tanta neblina. Pero siguió manejando el hombre y de pronto chocó con un canguro.

4. a) Una chica encontró un disfraz y se lo puso. No quería que nadie la reconociera en la fiesta.

   b) Los engañó a todos en una fiesta porque nadie la reconoció.

   c) Se quitó el disfraz.

   d) Cuando se fijaron todos en quien era ella, se pusieron de mal humor porque no les caía bien, y querían evitarla.

La Chica Con El Cabello Largo

La Chica Con El Cabello Largo

Había un tipo llamado Pepito. Pepito tenía una vecina llamada Lucy. Lucy era la chica con el cabello más bello de todo el mundo. Más que nada, Pepito quería que Lucy fuera su esposa para que él siempre pudiera apreciar su belleza. Lo único era que había un detalle chiquito que él tenía que resolver. A la chica no le caía bien Pepito. Lucy siempre lo trataba mal, pero Pepito siguió pensando en ella de todos modos.

Para impresionarla, pensaba en muchas cosas. El le sugirió que fueran a su destino favorito, el Japón, por un almuerzo elegante. Cuando fueron, a él le encantó la comida japonesa. A ella no. Le dijo que no le volviera a llevar al Japón.

Otro día, se le ocurrió pedirle que montaran a caballo. Escogió una isla aislada y romántica. Para que nada resultara mal en este viaje, firmó un contrato con una agencia de viaje de mucho respeto. El día, por fin, llegó. Fueron a la isla en avión. Llegaron allá sin problema. Cuando andaban por la isla a caballo, toda la isla se cubrió con una neblina espesa. Los dos no podían ver nada. Lucy se enfadó muchísimo y juró que jamás volvería a salir con Pepito. Pepito quedó muy triste.

Pepito esperó unos cinco años antes de pedirle una cita de nuevo. Un día, un amigo le prestó un disfraz de Axle Rose. Para evitar que Lucy lo reconociera, se puso el disfraz de Axle Rose, y fue a su casa. A Lucy le sorpendió ver a un famoso cantante de la música rock. Pepito, en su disfraz, parecía una verdadera estrella. Pepito le pidió que ella fuera con él a la playa para disfrutar el aire fresco del mar. Se quedaron algunos minutos en la playa cuando ella le pidió que cantara. Pepito cantó. Lucy se fijó en que no era Axle Rose. Lucy le gritó que no le engañara más.

Le pareció que sería imposible mejorar la situación, pero decidió intentar una cosa más. Pensó por varias semanas para no perder a la chica de sus sueños. Un día, se le ocurrió ir a la casa de ella con el verdadero Axle Rose. Ella estaría tan impresionada con la presencia de un cantante tan famoso que por fin se casaría con él.

Durante la próxima semana, lo arregló todo, y llevó a cabo su plan. Llevó a Axle a la casa de Lucy. Cuando le presentó Axle a Lucy, Pepito se fijó que Lucy realmente estaba contenta. Los tres fueron a cenar a uno de los mejores restaurantes de Los Angeles. Le cobraron $1.400 por la cena. Pepito lo pagó todo. Mientras volvían a la casa de Lucy, Axle y Lucy platicaban acerca de algunos asuntos de la vida. Axle se enamoró de Lucy. Le pidió que se casara con él. En ese instante, fueron al aeropuerto y tomaron un avión a Las Vegas. Se casaron en la Capilla de los Matrimonios Rápidos.

Fue la peor experiencia de la vida de Pepito. ¡No había remedio! Era evidente que Lucy nunca se casaría con él, así que Pepito se mudó a un pueblo del campo, y allí se casó con una mujer hermosa. Actualmente vive feliz pero nunca deja de imaginarse como habría sido la vida si se hubiera casado con Lucy.

EJERCICIO 1

Contesta las preguntas en tus propias palabras.

1. ¿Por qué era Lucy la mujer más bella del mundo?

2. ¿Qué hacía ella para mantener su belleza?

3. Describe la comida japonesa que comieron los dos.

4. ¿Por qué se cubrió la isla de neblina espesa?

5. ¿Qué hacía Pepito durante los cinco años de no ver a Lucy?

6. ¿Por qué quería Lucy que Pepito cantara en la playa?

7. ¿Por qué se disfrazó Pepito como Axle Rose?

8. ¿De qué platicaban Axle y Lucy?

9. ¿Por qué se casaron en Las Vegas?

10. ¿Por qué se mudó Pepito a un pueblo pequeño?

EJERCICIO 2

Contesta las preguntas personales.

1. ¿Te gustaría tener el cabello más bello del mundo?

2. Describe a una persona que no te cae bien.

3. ¿Qué quisieras que tu novio(a) te diera como regalo?

4. Según tu opinión, ¿qué pasaría en la cita ideal?

5. ¿Qué haces para impresionar a tus amigos?

6. Al conocer a Axle Rose, ¿qué le dirías?

7. Para tu boda, ¿dónde quieres casarte? ¿Por qué?

8. Cuando te gradúes del colegio, ¿te vas a mudar a otra parte?

9. ¿Te gusta manejar cuando hay mucha neblina?

10. ¿Es necesario engañar a otras personas? Explica.

Ejercicio 3

Contesta las preguntas con dos posibilidades.

---

1. ¿Qué más debería hacer Pepito para impresionar a Lucy?

   a) _____

   b) _____

2. ¿Por qué no quedó impresionada Lucy con Pepito?

   a) _____

   b) _____

3. Describe cómo es diferente la casa de Axle Rose a la tuya.

   a) _____

   b) _____

4. Compara un pueblo pequeño en México con el lugar donde vives.

   a) _____

   b) _____

Ejercicio 4

Puntos de vista: Describe lo siguiente desde varios puntos de vista.   Inventa un mínimo de dos características para cada descripción.

---

1. Describe una cita ideal desde el punto de vista de Pepito.

   a) _____

   b) _____

2. Describe una cita ideal desde el punto de vista de Lucy.

   a) _____

   b) _____

3. Describe a Axle Rose desde el punto de vista de Pepito.

   a) _____

   b) _____

4. Describe a Axle Rose desde el punto de vista de Lucy.

   a) _____

   b) _____

EJERCICIO 5

Lee las situaciones, y luego intenta resolver el problema de cada una. Escribe tres soluciones posibles para cada situación.

1. Una chica vivía en una ciudad grande. Sus padres no la dejaban salir por ninguna razón, y la pobre se estaba volviendo loca encerrada en su cuarto. ¿Qué podría hacer ella?

   a) _____

   b) _____

   c) _____

2. Había un joven que quería verse como Axle Rose, pero el hombre no era como Axle Rose. Era un hombre bajo, pelón, y gordo. ¿Qué podría hacer para lograr esta meta personal?

   a) _____

   b) _____

   c) _____

3. Un chico era superrico y guapo. Tenía todo el dinero posible en el mundo, pero no se sentía satisfecho con la vida porque no le caía bien a nadie. ¿Qué podría hacer para tener amigos?

   a) _____

   b) _____

   c) _____

EJERCICIO 6

Escribe una situación que tiene un problema. Luego resuelve el problema con tres soluciones.

_____

_____

_____

   a) _____

   b) _____

   c) _____

Ejercicio 7

Inventa un cuento de 6 actos, y luego dibújalo. El cuento debe incluir por lo mínimo 10 palabras del vocabulario de este capítulo.

1	2	3
4	5	6

Ejercicio 8

Escribe el cuento que acabas de dibujar arriba.

_____

_____

_____

_____

_____

_____

_____

_____

Versión A

Versión B

Ejercicio 9

Mira el primer y el último dibujo de este cuento nuevo, y completa el cuento con unos dibujos originales. Usa por lo mínimo 10 palabras del vocabulario de este capítulo.

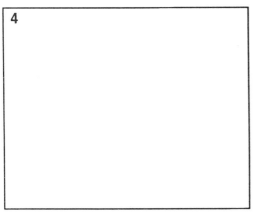

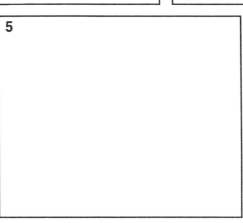

Ejercicio 10

Escribe el cuento que acabas de dibujar arriba.

_____

_____

_____

_____

_____

_____

_____

_____

_____

_____

Ejercicio 11

Mira los dibujos en el medio de este cuento nuevo, y completa el cuento con unos dibujos originales. Usa por lo mínimo 10 palabras del vocabulario de este capítulo.

1

2
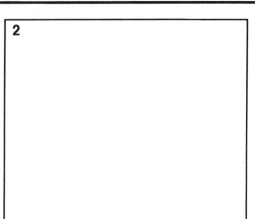

3

4

5

6
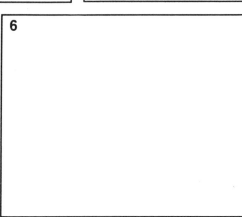

Ejercicio 12

Escribe el cuento que acabas de dibujar arriba.

_____

_____

_____

_____

_____

_____

_____

_____

_____

Vocabulario

1.

2.

3.

4.

VOCABULARIO
Las siguientes frases describen los dibujos de la página anterior

---

1. a) Un ladrón estaba robando un mueble antiguo de una casa.

   b) Mientras salía de la casa, la policía lo pilló con la linterna.

   c) El juez le castigó a pasar tres años en la prisión porque había robado muchos muebles.

   d) El ladrón empezó a hacer un hoyo para escaparse de la carcel porque había hallado un taladro.

---

2. a) Había un hombre bajo, gordo, y calvo que estaba desilusionado con su vida, y meditaba en cómo habría sido diferente su vida si no se hubiera equivocado tanto.

   b) Pensó que si no hubiera fumado durante su juventud, habría crecido mucho más.

   c) Luego se fijó en que si no hubiera comido demasiado, habría sido mucho más delgado.

   d) Y por fin se dio cuenta de que si no siempre hubiera llevado una gorra, no se le habría caído el pelo, y no se habría quedado calvo.

---

3. a) Había una mujer presa que pensó librarse de la prisión. No le importaba que fuera muy peligroso porque no aguantaba más su situación.

   b) Fingió estar enferma para que viniera la enfermera a atenderla, y así ocurrió.

   c) Cuando vino la enfermera, ella no se dio cuenta de que la presa estaba fingiendo.

   d) Cuando llegó la guardia vio que la enfermera estaba asustada, y que la prisionera ya se había escapado.

---

4. a) Había una carrera de caballos, y mucha gente apostaba para ganar dinero.

   b) Una mujer se alegró mucho al ver que el caballo al cual le había apostado ganaba la carrera.

   c) Se puso muy enojada porque su caballo había perdido.

   d) Pero después de un rato, se puso feliz al apostar una vez más.

La Mujer Presa

La Mujer Presa

Había una mujer de unos 35 años que tenía que pasar 25 años en la carcel por haber robado joyas y muebles lujosos de los barrios ricos. Ella había considerado que no merecía este castigo tan severo porque no tenía toda la culpa. Tenía un cómplice, pero él se había escapado. Y por eso ella pensó que el juez no la castigaría de esa manera tan dura, pero lo hizo el juez de todos modos. Mientras estaba en la carcel, meditaba mucho en cómo habría sido diferente su vida si no se hubiera equivocado tanto.

Primero pensó en su niñez: —Si hubiera estudiado en la escuela primaria, no me habría equivocado tanto y no habría fracasado en la secundaria. Y si no hubiera fumado cuando era joven, habría crecido mucho más, y a lo mejor habría podido jugar en un equipo profesional del baloncesto.

Luego se fijó en su juventud: —Si no hubiera apostado toda mi herencia en las carreras de caballos, no me habría quedado sin un céntimo. Y si no me hubiera faltado el dinero, no se me habría ocurrido la idea de robar. Y si no hubiera robado tantas cosas, la policía jamás me habría agarrado. Pero aquí estoy, pasando presa la mejor parte de mi vida.

Después de unos cuantos años, dejó de imaginar cómo habría sido su vida, y empezó a pensar cómo sería su vida si pudiera librarse ahora de la prisión. Consideró distintas maneras de escaparse: —Si yo fuera muy fuerte, podría luchar con la guardia para quitarle las llaves. Si consiguiera las llaves, me sería fácil abrir la puerta de la cárcel y escaparme. Pero no soy tan fuerte, y así no voy a conseguir las llaves. La guardia, cuyos brazos son grandotes, es mucho más muscular que yo. ¡Sería peligroso pelearme con ella! No me conviene esta idea. Un lío con ella me daría muchos problemas.

Por lo tanto, la mujer pensó hacer otra cosa porque no quería luchar con nadie: —Si fingiera ser una enfermera de la clínica de la prisión, podría escaparme sin que nadie se diera cuenta de que era yo difrazada en el uniforme de la enfermera.

Se alegró mucho al pensar esto. No obstante, dentro de unos minutos se le vino otra duda; sólo había una enfermera en toda la prisión y todos la conocían bien. Así que era absurdo pensar que nadie la reconociera como prisionera. A pesar de este problema, la mujer siguió pensando en otras posibilidades: —Si hallara un taladro grande, podría hacerme un hoyo en la pared, y de este modo me libraría de este maldito lugar.

Siguió pensando en muchos detalles de muchos otros proyectos. Año trás año, planeaba su escape. Por fin ya no le quedaba mucho tiempo en la cárcel. Un día la guardia vino con las llaves, y abrió la puerta. Le dijo a la prisionera que las autoridades ya la daban su libertad porque ya se habían cumplido los 25 años de su castigo. En lugar de sentirse afortunada, la mujer se sintió desilusionada por no haber podido escaparse ni una sola vez. ¡Qué lástima!

EJERCICIO 1
Contesta las preguntas en tus propias palabras.

1. ¿Cómo escapó el amigo de la mujer?

2. ¿Qué podría haber hecho la mujer para no pasar tanto tiempo en la cárcel?

3. ¿Cómo es la mujer presa?

4. ¿Por qué nunca pudo escaparse?

5. ¿Habría sido diferente la vida de ella si hubiera nacido en otra familia? ¿Cómo?

6. ¿Qué habría hecho la mujer hoy si no estuviera en la cárcel?

7. Si otra prisionera supiera los planes de escaparse, ¿qué haría la mujer presa?

8. ¿Sería peor la vida de ella si se escapara? ¿Cómo?

9. ¿Por qué estaba triste cuando salió de la prisión?

10. ¿Qué hará mañana para no volver a la cárcel?

EJERCICIO 2
Contesta las preguntas personales.

1. ¿Qué te gustaría cambiar de tu vida?

2. ¿Qué no te gustaría cambiar?

3. Si tu estuvieras en la cárcel, ¿intentarías escaparte?

4. Si estuvieras con un amigo tuyo que quisiera robar bancos, ¿qué harías?

5. ¿Qué le aconsejarías a la mujer presa para que no volviera a la prisión?

6. ¿Cuál es la forma mejor de escaparse de la cárcel?

7. Después de 20 años en la cárcel, ¿qué harías en tu primer día libre?

8. ¿Cómo le ayudarías a un chiquillo para que no tuviera una vida de crimen?

9. ¿Sería aburrida tu vida si tú fueras guardia? ¿Cómo?

10. Si estuvieras en la cárcel, ¿qué comerías?

EJERCICIO 3

Contesta las preguntas con dos posibilidades.

1. Escribe una lista de errores que uno hace para ir a la prisión.

   a) _____

   b) _____

2. Describe un día típico en la cárcel.

   a) _____

   b) _____

3. Escribe razones por las cuales debes evitar la vida presa.

   a) _____

   b) _____

4. Compara tu vida con la vida de la mujer presa.

   a) _____

   b) _____

EJERCICIO 4

Puntos de vista: Describe lo siguiente desde varios puntos de vista. Inventa un mínimo de dos características para cada descripción.

1. Describe un día ideal desde el punto de vista de una persona presa.

   a) _____

   b) _____

2. Describe un día ideal desde el punto de vista de un juez.

   a) _____

   b) _____

3. Describe a la mujer presa desde el punto de vista de la guardia.

   a) _____

   b) _____

4. Describe al cómplice que escapó desde el punto de vista de la mujer presa.

   a) _____

   b) _____

EJERCICIO 5

Lee las situaciones, y luego intenta resolver el problema de cada una. Escribe tres soluciones posibles para cada situación.

1. Había una mujer que trabajaba de camarera en un restaurante caro, pero tenía un problema. Apostaba todo el dinero que ganaba en carreras de caballo, pero lo perdía todo. ¿Qué le pasaría si su jefe la despidiera de su trabajo?

   a) _____

   b) _____

   c) _____

2. Había un hombre que se ganaba bien la vida vendiendo drogas por la calle. Cada día vendía más drogas porque quería ganar más dinero. ¿Qué le pasaría al hombre si siguiera en este trabajo ilegal por mucho tiempo?

   a) _____

   b) _____

   c) _____

3. Había una joven de 16 años que estaba harta de la escuela. Un día decidió dejar la escuela para siempre, pero sabía que a sus padres no les gustaría esta idea. ¿Cómo se la explicaría la muchacha a sus padres?

   a) _____

   b) _____

   c) _____

EJERCICIO 6

Escribe una situación que tiene un problema. Luego resuelve el problema con tres soluciones.

_____

_____

_____

   a) _____

   b) _____

   c) _____

EJERCICIO 7

Inventa un cuento de 6 actos, y luego dibújalo. El cuento debe incluir por lo mínimo 10 palabras del vocabulario de este capítulo.

1	2	3

4	5	6

EJERCICIO 8

Escribe el cuento que acabas de dibujar arriba.

_____

_____

_____

_____

_____

_____

_____

_____

Versión A

Versión B

EJERCICIO 9

Mira el primer y el último dibujo de este cuento nuevo, y completa el cuento con unos dibujos originales. Usa por lo mínimo 10 palabras del vocabulario de este capítulo.

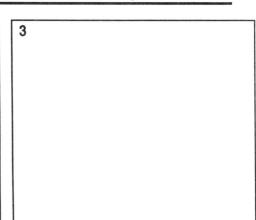

EJERCICIO 10

Escribe el cuento que acabas de dibujar arriba.

_____

_____

_____

_____

_____

_____

_____

_____

_____

_____

Ejercicio 11

Mira los dibujos en el medio de este cuento nuevo, y completa el cuento con unos dibujos originales. Usa por lo mínimo 10 palabras del vocabulario de este capítulo.

1	2	3

4	5	6

Ejercicio 12

Escribe el cuento que acabas de dibujar arriba.

_____

_____

_____

_____

_____

_____

_____

_____

_____